DU DROIT DE PRÉEMPTION

EN MATIÈRE D'EXPROPRIATION

POUR CAUSE D'UTILITÉ PUBLIQUE

ÉTUDE THÉORIQUE ET PRATIQUE

Extrait de la Revue de législation et de jurisprudence
« La France Judiciaire »

PAR

Armand BOILLOT

DOCTEUR EN DROIT
AVOCAT A LA COUR DE PARIS

PARIS

A. DURAND ET PEDONE-LAURIEL, ÉDITEURS

LIBRAIRES DE LA COUR D'APPEL ET DE L'ORDRE DES AVOCATS

G. PEDONE-LAURIEL, Successeur

13, RUE SOUFFLOT, 13

DU DROIT DE PRÉEMPTION

EN MATIÈRE D'EXPROPRIATION

POUR CAUSE D'UTILITÉ PUBLIQUE

DU DROIT DE PRÉEMPTION

EN MATIÈRE D'EXPROPRIATION

POUR CAUSE D'UTILITÉ PUBLIQUE

—

ÉTUDE THÉORIQUE ET PRATIQUE

—

Extrait de la Revue de législation et de jurisprudence
« La France Judiciaire »

PAR

Armand BOILLOT

DOCTEUR EN DROIT
AVOCAT A LA COUR DE PARIS

———

PARIS

A. DURAND ET PEDONE-LAURIEL, ÉDITEURS

LIBRAIRES DE LA COUR D'APPEL ET DE L'ORDRE DES AVOCATS

G. PEDONE-LAURIEL, Successeur

13, RUE SOUFFLOT, 13

—

1888

DU DROIT DE PRÉEMPTION

EN MATIÈRE D'EXPROPRIATION

D'après un principe capital de la législation civile, la propriété est le droit de jouir et de disposer des choses d'une façon absolue, sous les seules réserves qui résultent des lois ou des règlements. Une grave atteinte au droit de propriété est, en première ligne, commandée par les besoins de l'intérêt général, devant lequel, dans toute société organisée, doit fléchir l'intérêt particulier. L'autorité publique peut déposséder un propriétaire à la condition de le dédommager du préjudice qu'il ressent ainsi, par le paiement d'une indemnité à la fois juste, proportionnée au dommage subi et préalable à la dépossession. Ces règles fondamentales sont écrites par le législateur dans les articles 544 et 545 du code civil. Toutefois la condition indispensable, essentielle de cette faculté accordée à l'administration est l'utilité publique constatée dans les formes édictées par la loi pour la garantie de la propriété privée. Dès que les nécessités de l'intérêt général s'évanouissent, le princip reprend son empire, dans toute son étendue: la propriété demeure inviolable et sacrée. Aussi la législation spéciale sur l'expropriation pour cause d'utilité publique a-t-elle prévu le cas où la dépossession d'un propriétaire ayant été consommée, il serait reconnu que l'intérêt public n'exige pas le sacrifice définitif de cette propriété, et a-t-elle prescrit que le propriétaire aurait la faculté de requérir la rétrocession, le droit d'opérer, par préférence à tous

autres, le retrait de l'immeuble dont il a été dépossédé. Ce droit,
qui a reçu dans les discussions législatives et dans l'usage la dé-
nomination de « droit de préemption, » est actuellement réglé
par les articles 60, 61, 62 de la loi du 3 mai 1841, ainsi conçus :

Article 60 : « Si les terrains acquis pour des travaux d'utilité
publique ne reçoivent pas cette destination, les anciens propriétaires ou leurs ayants-droit, peuvent en demander la remise —
Le prix des terrains rétrocédés est fixé à l'amiable, et s'il n'y
a pas accord, par le jury, dans les formes ci-dessus prescrites.
La fixation par le jury ne peut, en aucun cas, excéder la somme
moyennant laquelle les terrains ont été acquis ? »

Article 61 : « Un avis, publié de la manière indiquée en l'article 6 fait connaître les terrains que l'administration est dans le
cas de revendre. Dans les trois mois de cette publication, les
anciens propriétaires qui veulent réacquérir la propriété desdits
terrains sont tenus de le déclarer ; et, dans le mois de la fixation
du prix, soit amiable, soit judiciaire, ils doivent passer le contrat de rachat et payer le prix ; le tout à peine de déchéance du
privilège que leur accorde l'article précédent »

Article 62 : « Les dispositions des articles 60 et 61 ne sont pas
applicables aux terrains qui auront été acquis sur la réquisition
du propriétaire, en vertu de l'article 50 et qui resteraient disponibles après l'exécution des travaux. »

Ces textes, dans leur concision, ont laissé place à des diver-
gences d'interprétation, ils ont donné naissance à nombre de
difficultés importantes et délicates. Nous nous proposons de
les examiner au point de vue pratique, dans le cours de cette
étude, en exposant la théorie générale du droit tout exceptionnel de préemption. Après avoir fait l'historique succinct de
notre législation sur cette matière, il conviendra de déterminer
à quels terrains le privilège s'applique, quelles sont les personnes qui peuvent l'exercer ; d'expliquer ensuite son mode
d'exercice : de faire connaître enfin les règles relatives à la fixation du prix de rétrocession.

I. — La loi du 8 mars 1810 qui a, la première, réglementé d'une
façon précise la matière de l'expropriation pour cause d'utilité
publique, ne contient aucune disposition en ce qui concerne le

droit de retrait (1). Il n'a été, en effet, introduit dans notre législation que par la loi du 7 juillet 1833 qui a abrogé et remplacé la précédente (2). La source de l'innovation remonte au projet de loi déposé, en 1832, par le gouvernement à la Chambre des Pairs. La commission de cette assemblée, par l'organe de son rapporteur, M. de Vaines, proposa la suppression du droit de retrait ; mais sur les considérations très justes et très puissantes émises par le commissaire royal, M. Legrand, la Chambre haute adopta la rédaction du projet, laquelle votée sans opposition par la Chambre des députés, devint les articles 60, 61 62 de la loi de 1833 (3) Le législateur de 1841 reproduisit ces dispositions sans leur faire subir de modifications sensibles (4). Nous avons rapporté plus haut la teneur des articles 60, 61, 62 de la loi du 3 mai 1841.

II. — Déterminons, en premier lieu, les terrains, et plus généralement les immeubles — le droit de préemption reçoit son application, que l'expropriation ait porté sur des terrains bâtis ou non bâtis — les immeubles qui peuvent faire l'objet du privilège. Des termes même de l'article 60, il résulte qu'ils doivent réunir ces deux conditions : 1° avoir été acquis pour des travaux d'utilité publique ; 2° ne pas avoir reçu cette destination. Il importe d'examiner séparément ces deux conditions.

Tout d'abord, les immeubles dont le propriétaire peut requérir la rétrocession doivent avoir été acquis pour cause d'utilité publique. Cette première condition est absolument logique. En effet, le droit de préemption est dans l'esprit du législateur corrélatif du droit conféré à l'administration de déposséder un propriétaire dans l'intérêt général ; il a été introduit dans la loi comme une conséquence de l'inviolabilité de la propriété, comme une protection au propriétaire frappé par l'expropriation. Si donc il n'y a pas eu nécessité pour le propriétaire de céder sa propriété, s'il l'a vendue volontairement, il ne peut être autorisé à revenir sur une convention librement consentie. Mais du

(1) *Bulletin des lois*, année 1810, p. 197.
(2) *Bulletin des lois*, année 1833, p. 345.
(3) *Moniteur*, Séance du 14 mai 1833, p. 1372.
(4) *Bulletin des lois*, année 1841, p. 601.

moment où il y a eu déclaration d'utilité publique, il y a ouverture au droit de préemption que les terrains aient été acquis à l'amiable, le propriétaire ayant consenti à dispenser l'expropriant de remplir les formalités minutieuses de l'expropriation, ou qu'ils aient passé aux mains de celui-ci en vertu du jugement d'expropriation après fixation de l'indemnité de dépossession par le jury spécial. Dans l'un comme dans l'autre cas, il y a eu contrainte pour l'exproprié de céder sa propriété. Cette décision qui découle formellement du mot « acquis », employé par la loi, a été sans difficulté acceptée par l'administration (1).

Il y a lieu au droit de retrait que l'expropriation ait été poursuivie, que l'acquisition ait été faite par l'État, par les départements ou par les communes. Le texte de la loi de 1833 aurait pu faire naître un doute sur ce point. L'article 60 de cette loi se terminait ainsi. « La fixation par le jury ne peut, en aucun cas, excéder la somme moyennant laquelle l'*État* est devenu propriétaire des terrains. » De cette disposition, on aurait pu conclure que le droit de préemption ne s'exerce que sur les immeubles acquis par l'État. Mais la discussion de l'article correspondant dans la loi du 3 mai 1841, la différence de rédaction du nouvel article, prouvent à l'évidence que cette conclusion n'eut pas exprimé la pensée du législateur. Un membre de la Chambre des députés demanda si l'article 60 s'appliquait non seulement aux immeubles acquis par l'État, mais encore à ceux acquis par les départements et les communes. Il lui fut répondu par M. le Commissaire royal : « Par l'État il faut comprendre l'être collectif au nom duquel la déclaration d'utilité publique a été faite. » La même opinion a été exposée par M. le président : « Quand on dit l'État, il est évident que ceux qui sont subrogés à l'État sont compris dans cette disposition. » La discussion a été résumée et fixée par l'auteur de l'interpellation dans les termes suivants : « Le sens de l'observation de M. le Président est donc que le droit profite aux départements et aux communes comme à l'État lui-même, et avec raison, car ces agglomérations administratives sont, dans leur sphère

(1) Voir la solution de la régie de l'enregistrement du 8 décembre 1847. Dalloz 1848, 5. 183, 4°.

d'action, des fractions de l'État qui peuvent revendiquer pour leurs besoins les mêmes privilèges que lui. » Ces observations furent approuvées au nom de la commission qui adopta une rédaction nouvelle proposée pour éviter toute difficulté, rédaction qui est devenue la fin de l'article 60 de la loi du 3 mai 1841. « La fixation par le jury ne peut, en aucun cas, excéder la somme moyennant laquelle ils ont été acquis » (1).

Le privilège s'exerce non seulement lorsque l'expropriation est poursuivie par les personnes morales qui viennent d'être énumérées, mais encore par leurs concessionnaires. L'article 63 de la loi dispose, en effet, d'une façon générale, que les concessionnaires de travaux publics, s'ils exercent tous les droits conférés à l'administration, sont aussi soumis à toutes les obligations qui dérivent pour elle de la loi spéciale.

Le droit de préemption s'applique également aux terrains dont l'expropriation a été poursuivie, pour cause d'urgence, en vue de l'exécution de travaux de fortifications, matière réglée par la loi du 30 mars 1831 (2). En effet, l'article 76 § 3 de la loi du 3 mai 1841, conforme en cela à l'article 66 de la loi du 7 juillet 1833, dispose que le titre VI de la première de ces lois est applicable aux expropriations poursuivies en vertu de la loi du 30 mars 1831. Or l'article 60, relatif au droit de préemption des immeubles expropriés et non employés, est compris dans ce titre.

La faculté accordée à l'ancien propriétaire de requérir la rétrocession peut-elle être invoquée relativement aux immeubles acquis antérieurement à la loi du 7 juillet 1833 ? — On sait que c'est cette loi qui a établi le droit de préemption. La plupart des auteurs ont admis l'affirmative. Bien que la loi du 8 mars 1810, a-t-on dit à l'appui de cette solution, soit muette sur le droit de retrait, il n'en est pas moins vrai que les considérations d'équité, les motifs de justice qui l'ont fait admettre par la loi de 1833 s'appliquent tout aussi bien aux immeubles acquis antérieurement à cette loi qu'à ceux qui l'ont été postérieurement. Il y a plus, on argumente dans ce système du texte d'une

<hr>

(1) Voir *Moniteur* du 3 mars 1841, p. 541.
(2) *Bulletin des lois*, année 1831, page 133.

ordonnance royale du 22 mars 1835 réglant le mode d'exercice du privilège de rachat introduit par les articles 60 et suivants de la loi de 1833. L'article 1 de cette ordonnance dispose ainsi : « Les terrains ou portions de terrains acquis pour des travaux d'utilité publique, et *qui n'auraient pas reçu ou ne recevraient pas cette destination*, seront remis à l'administration des domaines pour être rétrocédés, s'il y a lieu, aux anciens propriétaires ou à leurs ayants-droit, conformément aux articles 60 et 61 de la loi du 7 juillet 1833 » (1). Par cette expression « *qui n'auraient pas reçu* » le rédacteur de l'ordonnance, a-t-on conclu, a eu évidemment en vue les terrains acquis dans le passé, c'est-à-dire précisément aux immeubles acquis antérieurement à la loi du 1833 et en exécution de la loi du 1810 (2). Pour notre part, cette opinion nous paraît devoir être écartée sans hésitation. Décider ainsi que le fait l'affirmative, c'est porter une grave et indiscutable atteinte à un principe fondamental de notre droit ; c'est, contrairement à l'article 2 du code civil, donner à la loi de 1833 un effet rétroactif, appliquer ses dispositions au passé. Au surplus, l'interprétation donnée par le premier système du texte de l'ordonnance de 1835 n'est rien moins que sûre. Les mots « n'auraient pas reçu » s'appliquent au passé, soit ; mais on peut tout naturellement les entendre en ce sens qu'ils comprennent les immeubles acquis depuis 1833, date de la loi, à 1835, date de l'ordonnance réglementaire, et non tous les terrains acquis pour cause d'utilité publique même antérieurement à la loi de 1833. Un texte aussi peu précis ne peut aller à l'encontre d'un texte aussi formel et d'un principe aussi absolu que celui écrit dans l'article 2 du code civil. Voulût-on même accepter l'interprétation des partisans du système que nous venons d'analyser, on sera conduit à écarter l'ordonnance par cette raison péremptoire qu'une ordonnance royale, d'après une règle constante de notre droit public, ne peut légalement modifier la loi. Les partisans de l'affirmative au reste apportent

(1) *Bulletin des lois*, année 1855 page 135.
(2) V. Batbie, *Précis du droit public et administratif*, 4° éd. p. 570 — de Peyronny et Delamarre, *Commentaire théorique et pratique des lois d'expropriation* n° 795 — de Lalleau, Jousselin et Hondu, 6° édit. II, n° 1151.

a leur décision un tempérament qui, selon nous au moins, démontre à quel point elle est arbitraire et contraire à la loi. D'après eux, si des améliorations ont été apportées au terrain litigieux par l'expropriant qui, avant la loi de 1833, était devenu, par le fait de l'expropriation, irrévocablement propriétaire, l'exproprié, qui use du privilège de rachat, devrait rembourser non seulement le prix moyennant lequel il a été acquis mais encore le montant des améliorations, le montant de la plus value donnée. Cette restriction n'est-elle pas absolument contraire aux dispositions formelles de la loi, article 60, aux termes duquel « la fixation par le jury ne peut, en aucun cas, excéder la somme moyennant laquelle les terrains ont été acquis » ? En résumé, il est, ce semble, plus juridique de décider que le droit de préemption ne peut être invoqué relativement aux terrains acquis, antérieurement à 1833, en vertu de la loi du 8 mars 1810 (1).

La première condition mise à l'exercice du droit de préemption est qu'il s'agira de terrains acquis en vertu d'un acte déclaratif d'utilité publique ; en second lieu, pour donner ouverture au même droit, il est nécessaire, aux termes mêmes de l'article 60 de la loi du 3 mai 1841, que les terrains expropriés n'aient pas reçu la destination en vue de laquelle ils ont été expropriés. Si les immeubles dont l'expropriation motive la dépossession d'un propriétaire sont employés au travail reconnu d'intérêt général, la dépossession est définitive ; tout est consommé. Mais, au contraire, si l'expropriation opérée, les immeubles restent sans recevoir la destination prévue, le motif de l'expropriation disparait, le droit de propriété reprend son empire, le droit de préemption s'ouvre au profit de l'ancien propriétaire.

Au cas où l'immeuble exproprié n'est affecté qu'en partie au travail d'utilité publique, qu'une partie reste disponible après l'exécution des travaux, faut-il dire que l'emploi a été effectué et que le propriétaire dépossédé ne peut plus invoquer le droit de rétrocession ? On l'a quelquefois soutenu, et, pour le faire, on

____

(1) Voir les observations ministérielles rapportées sous l'arrêt du Conseil d'Etat du 20 janvier 1863. Lebon 1863, p. 83.

s'est appuyé sur certains passages des travaux préparatoires de
la loi de 1833. En effet, à la séance du 8 février 1833, le rapporteur de la loi s'est exprimé dans les termes suivants devant
la Chambre des députés : « L'article est fait pour le cas où l'entreprise est abandonnée, et où par conséquent l'expropriation
pour cause d'utilité publique ne doit plus avoir son effet. » (1)
La même idée se rencontre dans des observations formulées
ensuite par le commissaire royal. De ces textes, on a voulu
conclure que le droit de préemption ne peut être invoqué qu'au
seul cas où l'administration renonce au projet qui a entraîné
l'expropriation de l'immeuble et, par conséquent, qu'il ne peut
être exercé dans l'hypothèse où le projet subsiste, et où une
partie seulement de l'immeuble est utilisée pour son exécution.
Cependant ces textes sont loin d'être probants, et l'argument
paraît inadmissible. Il convient, en effet, de remarquer que ces
déclarations n'ont point été faites à la tribune au cours d'une
discussion portant sur le point à résoudre. Les orateurs ont été
amenés à prononcer les paroles qu'on relève alors qu'on était
arrivé à la discussion de l'article de la loi réglant le maximum
du prix de rétrocession. Le projet de loi portait que ce prix ne
pourrait jamais excéder la somme moyennant laquelle les terrains auraient été acquis. Certains membres de la Chambre
demandaient la suppression de cette limite en faisant valoir que
le propriétaire exproprié, exerçant son droit de préemption, ne
devait équitablement pas profiter de la plus-value que les travaux exécutés auraient pu apporter à l'immeuble atteint primitivement par la mesure de l'expropriation, et laissé ensuite
hors du périmètre des travaux. C'est à ces raisons que répon-
daient les observations du rapporteur et du commissaire
du roi, en disant. « Les propriétés ne peuvent être restituées
aux anciens possesseurs que dans le cas où les travaux d'utilité publique ne seraient pas exécutés ; dès lors, je n'aper-
çois pas par quelle cause leur valeur primitive pourrait s'ac-
croître et quelle plus value l'État serait en droit de réclamer. »
Donc, tout en reconnaissant le poids des déclarations faites par
les rédacteurs du projet de loi, elles doivent être écartées entiè-

(1) *Monit.* du 9 février 1833.

rement par ce motif péremptoire qu'elles s'appliquent à une hypothèse différente de celle qui est examinée ici.

Il faut décider que, même au cas d'emploi simplement partiel à l'opération décrétée d'intérêt général, le propriétaire dépossédé conserve le droit de requérir la rétrocession de la partie de son immeuble restant disponible après l'exécution des travaux. L'article 60 de la loi ne contient aucune restriction à l'exercice du droit de préemption ; on ne peut, par suite, distinguer là où le législateur n'a point distingué. Cette interprétation se trouve d'ailleurs expressément confirmée par des textes législatifs postérieurs. L'article 1er de l'ordonnance royale du 22 mars 1835, dont il a déjà été parlé, dispose que « les terrains ou PORTIONS de terrains acquis pour des travaux d'utilité publique et qui n'auraient pas reçu ou qui ne recevraient pas cette destination, seront remis à l'administration des domaines pour être rétrocédés, s'il y a lieu, aux anciens propriétaires ou à leurs ayants-droit, conformément aux articles 60 et 61 de la loi du 7 juillet 1833. » Il résulte clairement de ce texte que le droit de préemption peut s'exercer, en cas d'emploi partiel de l'immeuble exproprié, sur le portion qui n'a pas reçu la destination prévue. Par argument tiré du texte de l'article suivant de la loi du 3 mai 1841, de l'article 62, on arrive à la même solution. Cet article dispose que les terrains « acquis sur « la réquisition du propriétaire et qui *resteraient disponibles après l'exécution des travaux* » ne seront pas soumis au droit de préemption. Si, de règle générale, le droit de réquérir la rétrocession cessait dans tous les cas d'un emploi même partiel à l'opération de l'immeuble exproprié, il était manifestement inutile de le déclarer pour les parties d'immeuble acquis en totalité sur la réquisition formelle du propriétaire et l'article 62 serait pour le moins superflu.

Le système que nous proposons est, au surplus, admis généralement par la doctrine ; il a été unanimement consacré tant par la jurisprudence administrative que par la jurisprudence civile. (1)

(1) Cons. d'Ét. 1 avril 1840. Rec. Leb. 1840, 07, Pal. 1840, p. 501 — Cass

L'emploi du terrain exproprié à l'opération projetée, s'il est effectué d'une manière sérieuse et définitive, met obstacle à l'exercice du droit de préemption. Peu importe que, par suite de circonstances ultérieures, l'affectation au travail d'utilité publique vienne à cesser (1). Le législateur, en effet, en établissant le droit de préemption, a entendu permettre au propriétaire dépossédé de revendiquer son immeuble, au cas où l'intérêt général ne nécessiterait pas l'emploi de cet immeuble. Il ne pouvait entrer dans ses vues de contraindre l'expropriant à maintenir éternellement l'affectation d'utilité publique qui a entraîné l'expropriation de l'immeuble.

Que décider si l'immeuble n'est pas employé au travail d'utilité publique en vue duquel il a été exproprié et que, postérieurement, il est reconnu nécessaire et employé à un autre ouvrage également décrété d'intérêt général? — On est évidemment dans les conditions mises par la loi spéciale à l'exercice du droit de préemption. D'une part, le terrain a été acquis pour cause d'utilité publique; d'autre part, l'emploi n'en a pas été fait à l'opération qui avait motivé la procédure exceptionnelle de l'expropriation. Dire, dans l'hypothèse, que la rétrocession ne peut être demandée par l'ancien propriétaire et que l'immeuble exproprié, non employé suivant les prévisions premières, pourra être utilisé à une autre opération d'intérêt général, c'est simplement permettre à l'administration de déposséder un propriétaire sans observer à son égard les formalités protectrices de la propriété édictées par le législateur, avec tant de soin; c'est, en d'autres termes, violer les principes les plus essentiels de la matière. Vainement objecterait-on que la rétrocession ne servirait en rien au propriétaire puisque, à peine rentré en possession de son terrain, il pourrait en être exproprié immédiatement pour l'exécution des nouveaux travaux projetés. Cette considération n'est nullement déterminante; et, d'ailleurs, elle est inexacte en fait. Le propriétaire peut avoir

27 avril 1868, Pal. 1868, 891 — Paris, 29 avril 1865; Dall. 1867, 1, 247, Pal. 1867, 656 — Cass. civ. req. 2 mars 1868, Pal. 1868, p. 600.

(1) Lyon, 20 août 1857, J. Pal. 1858, 845 — Cass. req. rej. 8 juin 1853 — Douai, 24 janvier 1854, J. Pal. 1854, 1, 405.

intérêt à contrôler si son immeuble est réellement nécessaire aux nouveaux travaux et il ne peut utilement le faire qu'au cours de la procédure prescrite pour arriver à la dépossession. Un intérêt pécuniaire peut également engager le propriétaire à exercer son droit de préemption quitte à subir ensuite une nouvelle expropriation. Le terrain exproprié et resté un certain temps sans emploi peut avoir acquis une plus-value importante ; en exerçant son droit de préemption, le propriétaire en reprend possession moyennant un prix qui ne peut en aucun cas, (art. 61) excéder celui fixé par le jury, sans augmentation pour la plus-value réalisée. Lors de la seconde expropriation, l'indemnité qui sera fixée à son profit comprendra au contraire, la valeur totale de l'immeuble à ce moment, c'est-à-dire la valeur de l'immeuble augmentée de la plus-value acquise. Le propriétaire, dans notre système, profite de la plus-value et non l'administration. « L'expropriation qui avait eu pour cause une destination d'utilité publique, dit très justement la chambre civile de la cour de cassation (1) venant a être résolue à défaut d'emploi des terrains à cette destination, ne doit point avoir pour résultat d'enrichir l'expropriant, et notamment de le faire profiter de la plus-value provenant de l'accroissement général du prix des terrains pendant sa détention ». L'expropriant devra donc, dans ces conditions, rétrocéder à son ancien propriétaire le terrain exproprié, qui n'a point reçu la destination prévue, et dont le prix sera fixé soit à l'amiable soit par le jury sans qu'il puisse excéder celui qui a été fixé pour la dépossession. Le terrain étant reconnu nécessaire à une opération d'utilité publique distincte de la première, l'administration en poursuivra à nouveau l'expropriation et l'indemnité due au propriétaire sera fixée par le jury d'après la valeur au moment de l'expropriation (2).

C'est à l'administration qu'il appartient de décider si les terrains acquis en vertu de l'expropriation, ont reçu l'emploi auquel ils étaient destinés. L'article 61 de la loi du 3 mai

(1) Cass. civ. 2 mars 1878, Pal. 1878-680.
(2) C. d'État, 6 mars 1872, P. adm. 72 p. 45.—Contra. Agen 10 décembre 1876. P. 1857, p. 695 en note. Cons. d'État, 16 août 1852. P. 1852, p. 272.

1841, ainsi que l'ordonnance royale du 22 mars 1835, tracent les formes dans lesquelles cette déclaration est faite par l'expropriant. Ces formalités seront exposées dans la suite de cette étude. A défaut d'un avis régulier de l'administration, le propriétaire exproprié qui se croit en droit d'exercer un droit de préemption sur l'immeuble dont il a été dépossédé et dont il n'a pas été fait emploi, doit faire trancher par l'administration la question de savoir si cet immeuble a reçu la destination en vue de laquelle il a été acquis. Cette solution consacrée par la jurisprudence (1) est une conséquence logique du principe de la séparation des pouvoirs. A l'administration qui seule a la direction des travaux d'utilité publique, le droit de statuer sur ce point. Pour les travaux entrepris dans l'intérêt de la commune, l'autorité compétente à cet égard sera le maire ; pour ceux poursuivis à la requête du département ou de l'État, le préfet du département. D'après les règles du droit commun en matière de recours contre les actes des autorités administratives, l'arrêté du maire pourra être déféré au préfet ; aussi bien que la décision du préfet, au ministre compétent, soit le ministre de l'intérieur soit le ministre des travaux publics, suivant les cas.

(1) Cass. 29 mars 1842, Pal. 1842, 1, 490 ; Cons. d'État, 28 déc. 1852. Pal. 1853, 1, 26 ; Cons. d'État, 17 mai 1855. Leb. 557 ; Cass. 9 déc. 1861. Pal. 1862, 1152 ; Cons. d'État, 16 août 1862. Pal. chr. 272 ; Cons. d'État, 27 mars 1862. Leb. 262 ; Cons. d'État, 30 juillet, 1863, 21 mai 1867. Leb. 510 ; Cons. d'État, 24 juin 1868. P. Adm. 1868, 318. — 26 juin 1800. P. adm. 1869, 450 ; Cons. d'État, 11 déc. 1871. Pal. adm. 1871, 28 ; Cons. d'État, 6 mars 1872. Pal. adm. 1872, 45 ; Cons. d'État, 29 juin 1877. Leb. 657.

« Attendu que... le droit ainsi renfermé, — porte l'arrêt de cassation du 9 déc. 1861, — dans les limites de l'art. 60 de la loi du 3 mai 1841, ne pourrait être complètement exercé que devant l'autorité administrative, à laquelle, seule, tant que l'administration n'a pas fait connaître, conformément à l'art. 64, les terrains qu'elle est dans le cas de revendre, tant qu'elle n'en a pas opéré la remise à l'administration des domaines, seule chargée de traiter avec les anciens propriétaires ou leurs ayants-cause, aux termes de l'art. 1 de l'ord. du 22 mars 1835, il appartient de reconnaître et de déclarer que les terrains acquis sont réellement inutiles pour l'exécution des travaux dont seule elle a la direction ».

« Considérant — porte de son côté l'arrêt du Conseil d'État du 16 août 1862, — que c'est à notre ministre des travaux publics qu'il appartient de reconnaître et de décider si des terrains expropriés pour cause d'utilité publique doivent cesser de recevoir cette destination et peuvent être rétrocédés à leurs anciens propriétaires ».

Enfin la décision ministérielle pourra être déférée pour excès de pouvoir au Conseil d'État, statuant au contentieux. En outre, dès que l'autorité administrative, dans sa compétence exclusive, a déclaré que l'immeuble exproprié ne recevra pas la destination originairement prévue, ou dès qu'il résulte formellement des faits particuliers de l'espèce que cet emploi ne peut être réalisé, la juridiction civile devient compétente pour statuer sur la demande de rétrocession intentée par le propriétaire dépossédé (1).

Les deux conditions mises par la loi à l'exercice du droit de préemption étant réunies, la rétrocession à l'ancien propriétaire doit être effectuée, par l'expropriant. Peu importe — en dehors bien entendu de la déchéance prononcée par l'article 61 de la loi, à la suite des formalités y prescrites — le délai qui sépare l'époque de l'expropriation de la date de la demande de rétrocession. L'administration ne serait pas fondée à invoquer la prescription de son obligation. Le titre, en effet, sur lequel elle baserait ce moyen, ne serait autre que le jugement d'expropriation qui a prononcé la dépossession ; or, le jugement conservait en même temps, pour le propriétaire, le droit d'exiger la remise de tou'.. les parties de ses propriétés qui n'avaient pas reçu la destination prévue lors de l'expropriation (2). De même, peu importe que l'ancien propriétaire ait reçu l'indemnité fixée pour son immeuble entier sans aucune réserve de son droit, alors même qu'à ce moment il ait nécessairement connu qu'une partie seulement de sa propriété serait employée aux travaux projetés. Il ne peut y avoir, dans ces circonstances, présomption d'une renonciation de l'ancien propriétaire à l'exercice du droit que lui confère notre disposition légale. (3) Pareillement, il a été jugé que la cession à un tiers par l'expropriant du terrain non employé ne saurait mettre obstacle à l'action en

---

(1) C. d'État 24 juin 1868. Leb. 728 ; C. d'État 19 nov 1868. Leb. 907 ; C. d'État 26 juin 1800. Leb. 626 ; Paris, 29 avril 1865 et Cass. 29 mai 1867. P. 1867, 657.

(2) Paris, 29 avril 1865 et cass. 29 mai 1867, P. 1867. 1. 656.

(3) Cass. civ. 27 avril 1863. Pal. 1863, p. 801 ; cass. req. 23 mai 1862. Gaz. trib. 27 mai 1862 ; Contrà : Lyon, 13 mars 1831. D. et S. 62. 1. 319 sous cass. 27 avril 1863.

remise de ce terrain par le propriétaire exproprié. Le droit de préemption en effet, ainsi que le constate un arrêt de la cour de Bourges, « n'est au fond que la juste révivification du droit de propriété, dont l'exproprié n'a été dépouillé que sous condition ; et la condition ne se réalisant pas, l'exproprié a le droit de rentrer dans son immeuble. Et ce droit, sérieux et parfaitement défini, ne peut être paralysé, ni devenir illusoire, par aucune autre cession ou aliénation » (1). Le tiers acquéreur doit la restitution à l'ancien propriétaire, purement et simplement, sans pouvoir réclamer son prix d'acquisition, sauf son recours contre l'expropriant, son vendeur.

Nous venons d'étudier les deux conditions auxquelles est subordonné l'exercice du droit de rétrocession des terrains acquis en vue d'une opération décrétée d'utilité publique, et non employés à la destination qui avait motivé l'expropriation. Il convient maintenant d'examiner quelques hypothèses principales où cesse la faculté accordée à l'exproprié de réclamer la remise de son immeuble resté libre entre les mains de l'expropriant.

L'expropriation pour cause d'utilité publique est réglementée, en principe, pour l'Algérie, par une ordonnance royale du 18 octobre 1844 relative à l'organisation du droit de propriété dans cette colonie. Ce document législatif reproduit la plupart des principes posés, pour la métropole, par le législateur de 1841. Le texte de l'ordonnance est muet sur le droit de préemption ; de là on s'est demandé s'il ne convenait pas de combler cette lacune par une raison d'analogie. La cour de cassation a résolu la question dans le sens de la négative. (2) Elle a très justement considéré que le silence de l'ordonnance à cet égard est significatif; la disposition de la loi du 3 mai 1841, relative au droit de retrait des terrains non employés, n'ayant pas été, à la différence de la plus grande partie des autres règles sur la matière, transportée dans l'ordonnance de 1844, on ne peut en tirer que cette conclusion à savoir que l'intention de son auteur

(1) Bourges, 11 février 1840 et cass. 29 mars 1842. D. 1842. 1. 177. Cass. req. rej. 12 juin 1855.

(2) Req. rej. 28 janvier 1874. Pal. 1874, p. 783 et rapport de M. le conseiller Guillemard.

a été de rendre ce privilège particulier inapplicable à notre colonie algérienne. Le droit de préemption constitue, d'ailleurs, dans la législation un droit tout à fait exceptionnel, et dès lors, il ne serait pas de saine interprétation de l'étendre hors de ses termes précis ou de l'introduire dans certains cas par simple voie d'analogie.

La faculté accordée à l'exproprié d'exiger la remise de son terrain au cas où il n'est pas employé au travail d'utilité publique en vue duquel le sacrifice de sa propriété lui a été imposé, disparaît, en outre, dans quelques autres hypothèses qu'il importe d'examiner maintenant.

Bien qu'acquis en vertu d'une déclaration d'utilité publique, les immeubles dont les propriétaires ont conformément aux prescriptions de l'article 50 de la loi du 3 mai 1841, requis l'expropriation totale, ne peuvent pas faire l'objet d'une demande en rétrocession de la part de l'ancien propriétaire. Telle est la décision contenue dans l'article 62 de la loi. Cette disposition est assurément logique. Le droit de préemption, en effet, a été introduit dans la loi en faveur du propriétaire qui a dû légalement, et dans l'intérêt général, subir une dépossession, une atteinte à son droit de propriété. Les besoins de l'intérêt général venant à s'évanouir, l'administration renonçant à employer les terrains acquis primitivement dans le but de les satisfaire, le législateur a pensé, on l'a vu, que la dépossession devait naturellement prendre fin et que le propriétaire serait libre de reprendre l'immeuble. Mais, au cas où le propriétaire, atteint dans son droit de propriété pour partie seulement, croit de son intérêt d'user du bénéfice que la loi a établi. à son profit, d'exiger l'expropriation totale de son immeuble, la raison légitime qui motive le droit de rétrocession ne peut plus recevoir son application. Dans cette dernière hypothèse, le propriétaire ne subit pas une nécessité légale, la dépossession de son immeuble n'est plus forcée, elle est purement volontaire de sa part, s'il y a contrainte c'est incontestablement dans son intérêt, à l'encontre de l'expropriant. Dès lors, on ne comprendrait pas que le propriétaire veuille contraindre l'administration à acquérir la totalité de son immeuble et et qu'il vienne ensuite exiger d'elle la rétrocession de la portion de son immeuble que manifestement il savait, au moment de sa réquisition, devoir rester disponible après l'exécution de l'opération reconnue d'utilité publique. Il subira, à juste titre, la situation qu'il se sera faite à lui-même. Toutefois il convient de restreindre, dans ses limites précises, l'exception introduite au droit de retrait par l'article 62. Le propriétaire, dont l'immeuble est partiellement atteint et qui requiert devant le jury l'expropriation totale n'a plus le droit de poursuivre la rétrocession de la partie de l'immeuble non employée. Il en serait autrement, si aucune partie de l'immeuble, même celle dont l'expropriation a été seule poursuivie à l'origine, ne reçoit son affectation à l'ouvrage d'utilité publique auquel il était déclaré nécessaire. On ne pourrait plus équitablement opposer ici au propriétaire, pour lui refuser l'exercice du droit de retrait, qu'il a provoqué lui-même l'expropriation totale. Il a pris cette mesure sans doute ; mais c'est en présence de cette situation que partie de son immeuble serait employée au travail d'utilité publique, et que, par suite, sa propriété ne resterait plus entière entre ses mains. Si le propriété, contrairement à ses prévisions, n'est pas amoindrie, n'est pas morcelée, à défaut d'emploi même partiel, la situation devient différente pour lui, les conditions qui l'ont amené à réclamer l'expropriation totale se transforment, la réquisition ne peut plus produire les mêmes effets, donc le principe général qui confère à l'ancien propriétaire le droit à la rétrocession de l'immeuble non employé doit reprendre tout son empire. Cette solution qui s'impose à bien considérer les motifs du droit de retrait et de son exception, a été expressément formulée au cours de la discussion de la loi du 3 mai 1841. A la séance du 4 mars 1841 (1), M. Vavin fit l'observation suivante : « Je pense que par l'expression générale de *terrain acquis pour cause d'utilité publique*, on a entendu, non seulement les terrains expropriés et ceux acquis et ayant servi à l'exécution des travaux, mais encore les immeubles qu'on a été obligé d'acquérir par suite des prescriptions de l'article 50 ; je le pense, mais je désirerais en recevoir l'assurance de M. le Rapporteur et de M. le Commissaire du Roi ». M. Dufaure, rapporteur

(1) Voir *Moniteur Universel* du 5 mars 1841, p. 541.

répondit ainsi. « L'observation de l'honorable M. Vavin est parfaitement juste; on a entendu comprendre dans l'article 60 toutes les propriétés qu'il vient d'indiquer ». — M. le Commissaire royal ajouta. « Cela va sans dire ».

Une autre exception au droit de retrait des terrains acquis pour l'exécution d'un travail d'utilité publique qui ne reçoivent pas cette affectation résulte de l'article 13 de la loi du 13 avril 1850 relative à l'assainissement des logements insalubres. Lorsque l'insalubrité de certaines habitations provient d'une cause extérieure, indépendante de l'habitation, lorsqu'il s'agit d'insalubrité publique pour ainsi dire, la loi de 1850 autorise l'administration, si les lois de la voirie ou les réglements de police ne suffisent pas à la faire disparaître, à acquérir suivant les formes de la loi sur l'expropriation pour cause d'utilité publique, la totalité des immeubles compris dans le périmètre des travaux d'ensemble entrepris pour détruire les causes extérieures et permanentes de l'insalubrité. Cette loi décide en outre, dans le même article, par exception au principe de la législation que « les portions de ces propriétés qui, après l'assainissement opéré, resteraient en dehors des alignements arrêtés pour les nouvelles constructions, pourront être revendues aux enchères publiques, sans que, dans ce cas, les anciens propriétaires ou leurs ayants-droit puissent demander l'application des articles 60 et 61 de la loi du 3 mai 1841. » Le motif qui a inspiré cette exception particulière au droit de préemption a été indiqué dans les travaux préparatoires de la loi. « Qu'a voulu la commission ? — dit M. Roussel (de la Lozère) au cours de la troisième délibération sur le projet de loi concernant les logements insalubres à laquelle il a pris la part la plus active — « Que les propriétaires expropriés ne puissent pas rentrer en possession, comme le permettait la loi du 3 mai 1841, des terrains laissés libres en dehors des alignements. Pourquoi a-t-elle voulu cela ? Parce que ces propriétaires, cherchant à tirer le meilleur parti possible de ces parcelles restées libres, y construisaient le plus souvent, ainsi que l'expérience l'a appris, surtout à Paris, des logements extrêmement insalubres (1).

(1) Séance du 13 avril 1850. Voir la délibération du Conseil municipal de

2

Une dernière exception au droit de retrait, établi par l'article 60 de la loi du 3 mai 1841, résulte du décret, loi du 26 mars 1852, relatif aux rues de Paris dont les dispositions ont été rendues applicables, en exécution de son article 9, à un grand nombre de grandes villes de France. Aux termes de ce décret (art. 2), la ville de Paris, et les communes qui lui ont été ultérieurement assimilées, ont obtenu, pour l'élargissement, le redressement ou la formation de leurs voies publiques, la faculté de comprendre, dans les projets d'expropriation, la totalité des immeubles atteints, lorsque l'administration juge que les parties restantes de ces immeubles ne sont pas d'une étendue ou d'une conformation qui permette d'élever sur les terrains des constructions salubres. Par une extension remarquable du droit de recourir à la voie exceptionnelle de l'expropriation, l'administration est autorisée à comprendre dans ses projets les immeubles situés, même en dehors des alignements futurs, lorsque leur acquisition est reconnue par l'autorité supérieure nécessaire pour opérer la suppression d'anciennes rues jugées inutiles. Il peut arriver que l'administration, après avoir consommé l'expropriation de ces immeubles élève, contrairement aux prévisions premières, des constructions sur les terrains restants, ou les mette en adjudication comme propres à recevoir des constructions salubres. Dans cette hypothèse, le propriétaire dépossédé ne peut utilement se fonder sur l'article 60 de la loi du 3 mai 1841 pour réclamer la remise de la partie inutilisée de son immeuble (1). La garantie donnée par le législateur à la propriété privée, en ce cas, contre les abus possibles de la faculté ouverte par le décret de 1852, réside, non plus dans le principe du droit de préemption, mais dans les formalités spéciales prescrites successivement dans les décrets des 27 décembre 1858 et 14 juin 1876, portant réglement d'administration publique pour l'exécution du décret de 1852 (2).

Paris analysée et citée par extrait dans le discours de M. Roussel (de la Lozère).

(1) Cass. rej. 13 juillet 1871. P. 1871. 748 : Cass. rej. 17 décembre 1877. P. 1878. 105.

(2) Décret du 26 mars 1852. Bull. off. 514, n° 3914. Décret du 27 décembre 1858. Bull. off. 656, n° 6111. Décret du 14 juin 1876. Bull. off. 306, n° 5051.

III. — Après avoir examiné l'origine du droit de préemption, les terrains soumis à ce droit, on est naturellement amené à se demander quelles personnes peuvent exercer ce privilège particulier. Aux termes de l'article 60 de la loi du 3 mai 1841, ces personnes sont « *les anciens propriétaires ou leurs ayants-droit* » Mais que faut-il entendre par cette disposition ?

Pour l'ancien propriétaire, nulle difficulté. Celui-là pourra invoquer le droit à la rétrocession du terrain non employé au travail d'utilité publique sur qui l'expropriation aura été poursuivie ; celui qui a été porté comme propriétaire de l'immeuble exproprié, au jugement d'expropriation, celui qui a suivi ou contre qui a été suivie par l'expropriant la fixation de l'indemnité de dépossession, à l'amiable ou avec intervention du jury spécial, celui enfin qui, ayant justifié de son droit de propriété sur l'immeuble, a reçu cette indemnité.

Pour les ayants-droit, une discussion s'est élevée en doctrine. Aucun doute en ce qui concerne les successeurs à titre universel de l'ancien propriétaire ; tenus de toutes les obligations de leur auteur, ils sont également substitués à tous ses droits. A défaut de l'ancien propriétaire, le successeur universel pourra, sans qu'on puisse lui opposer une fin de non-recevoir tirée de sa qualité, réclamer le bénéfice de l'article 60 de la loi sur l'expropriation pour cause d'utilité publique.

Mais que décider à l'égard du successeur à titre particulier ? Que l'on suppose le propriétaire exproprié partiellement ayant vendu à l'amiable, mis aux enchères, donné, ou légué à un tiers, postérieurement à l'expropriation, la portion restante de son immeuble ; les conditions mises au droit de préemption étant d'ailleurs remplies, qui de l'ancien propriétaire ou de l'acquéreur, de l'adjudicataire, du donataire, du légataire aura qualité pour demander la rétrocession de la partie d'immeuble non employée?

D'estimables auteurs (1) soutiennent que le droit de préemption compète au successeur particulier à l'exclusion de l'ancien

---

(1) V. Delalleau et Rendu *Traité de l'expropriation*, 6e édit. II, n° 1145 — de Peyronny et Delamarre, *Commentaire des lois d'expropriation* n° 736 — Daffry de la Monnoye *Théorie et pratique de l'expropriation* tome II, p. 456 (2e édition).

propriétaire, et ce, à titre d'ayant-droit de cet ancien propriétaire. D'après eux, cette interprétation est la plus conforme à la
fois, à l'équité et à l'esprit de la loi. Dans l'espèce, en effet, il ne
serait pas juste de permettre à l'ancien propriétaire, après avoir
perdu tout droit à la propriété de l'immeuble atteint par l'expropriation, par suite de la transmission de la partie restante, en
exerçant le droit de préemption, de se rendre acquéreur du terrain intermédiaire, par privilège, d'avoir uniquement pour but
de contraindre son acquéreur, par exemple, à lui racheter ce
terrain, généralement inutilisable par lui-même, à un prix de
convenance, nécessairement fort élevé, remis à sa pure discré-
tion, et à faire ainsi à son détriment une spéculation illicite. En
outre, en proclamant le droit à la rétrocession des parcelles non
employées, le législateur a eu en vue d'éviter le morcellement
des propriétés, et ce serait aller à l'encontre de ce vœu de la
loi, consacrer le morcellement jugé périlleux pour la propriété,
que de conférer le privilège à l'ancien propriétaire. Au surplus,
ajoute-t-on dans ce système, en aliénant le restant de son immeuble, celui-ci a entendu évidemment transmettre, par voie
tacite, à son acquéreur tous les droits se rattachant à l'immeuble.

Cette opinion ne saurait prévaloir, si l'on fait une application
exacte des principes généraux du droit. Le successeur à titre
particulier ne reçoit de son auteur aucun autre droit que celui
qui est formellement stipulé par son titre ; or, en l'absence d'une
clause expresse de la transmission sur le droit éventuel de préemption, le titre ne peut conférer à l'acquéreur la qualité d'ayant
droit relativement au droit de préemption puisque le vendeur
ne transmet aucun droit sur le terrain exproprié. D'ailleurs, le
droit pour l'ancien propriétaire de requérir la remise de l'immeuble exproprié et non employé, ne repose point, comme on l'a
vu au début de cette étude, sur la raison de mettre obstacle au
morcellement des propriétés, mais bien sur le principe de l'inviolabilité de la propriété, sur la nécessité de faire cesser la
dépossession résultant de l'expropriation là où cesse l'utilité
publique. Dès lors, dans les motifs essentiels du droit de retrait,
rien ne s'oppose, bien au contraire, à ce que l'ancien proprié-

taire puisse exercer le droit de préemption, à l'exclusion de son ayant-cause à titre particulier. C'est, en effet, cet ancien propriétaire qui a été dépossédé de sa propriété ; et, tant qu'il n'a pas cédé son droit, c'est uniquement à lui qu'il appartient d'user de la faculté d'exiger la remise du terrain non employé. Sans doute, cette solution n'est pas sans inconvénient pour l'acquéreur et généralement pour le successeur à titre particulier. Il est très nettement indiqué par ses adversaires. L'ancien propriétaire pourra, en usant du privilège inscrit dans l'article 60 de la loi, porter une grave atteinte aux légitimes espérances de son ayant-cause, à son intérêt ; mais un intérêt même supérieur, un intérêt si respectable que ce soit, ne saurait jamais constituer, à proprement parler, un droit. Au surplus, un acquéreur prudent possède un moyen fort simple de se soustraire aux conséquences défavorables pour lui de cette situation. Il devra, dans l'hypothèse donnée, porter ses prévisions sur l'éventualité de la rétrocession à l'ancien propriétaire, son auteur, de la partie d'immeuble expropriée et qui n'a point encore reçu la destination prévue à l'opération d'utilité publique ; et, stipuler, si telle est la commune intention des contractants, la cession formelle au droit éventuel de préemption. La jurisprudence a donc, à bon droit, jugé que le droit, résultant de l'article 60 de la loi, appartient à l'ancien propriétaire vendeur, à l'exclusion de son acquéreur (1).

Lorsqu'une contestation naît sur le point de savoir en quelle personne réside le droit de requérir, à l'égard de l'expropriant, la rétrocession de l'immeuble non employé, lorsqu'une difficulté s'élève sur la qualité des parties qui entendent exercer ce droit, c'est l'autorité judiciaire qui est compétente pour en connaître. Le litige porte, en effet, sur une question de propriété, et la juridiction civile doit être appelée seule à statuer. L'autorité

---

(1) Paris, 29 avril 1855. P. 1857, p. 656 sous Cassation 29 mai 1857 : Dijon, 17 juillet 1858. Dall. 1858, II, p. 394. — Décisions du Ministre des finances et du ministre des travaux publics, 25 octobre et 8 nov. 1841 ; 27 octobre et 10 décembre 1857. Voir, dans le même sens : Dalloz Repert, v° *Expropriation*, n° 744. — Batbie. *Cours de droit public et administratif.* — Ancoc. *Conférences sur le droit administratif*, tome II, p. 585.

administrative, devant laquelle les prétentions contraires de tiers seraient portées, doit surseoir jusqu'à décision des tribunaux civils (1).

IV. — Après avoir indiqué quels sont les terrains qui peuvent faire l'objet du droit de préemption, quelles sont les personnes qui ont qualité pour invoquer ce privilège, le législateur, dans l'article 61 de la loi du 3 mai 1841, détermine les conditions sous lesquelles il doit être exercé.

Aux termes de cet article, le mode d'exercice du droit de préemption est ainsi réglé : 1° Publication par l'expropriant d'un avis indiquant les terrains disponibles ; 2° Déclaration des anciens propriétaires de leur volonté d'exercer leur droit de retrait ; 3° Fixation soit amiable, soit judiciaire, du prix de rétrocession ; 4° Enfin rédaction du contrat de rachat, paiement du prix de rétrocession. Chacun des points de cette procédure minutieuse a une importance d'une gravité singulière ; aussi il convient de les examiner, séparément, en détail.

1° L'administration doit d'abord faire connaître les terrains qu'elle est dans le cas de revendre, afin de mettre en demeure les anciens propriétaires expropriés. A cet effet, un avis est publié, dans la forme particulière édictée par la loi de 1841, pour la publicité en matière d'expropriation. Cet avis est publié à son de trompe ou de caisse dans la commune où sont situés les terrains à revendre ; il est affiché tant à la principale porte de l'église du lieu, qu'à celle de la maison commune ; en outre, il est inséré dans l'un des journaux publiés dans l'arrondissement ou, s'il n'en existe aucun, dans l'un des journaux du département. A ces mesures de publicité, plus ou moins efficaces, on aurait peut-être pu, sans inconvénient, ajouter une notification individuelle ; au moins à l'ancien propriétaire, et même aux ayants-droit s'ils sont connus de l'administration. Rien n'eut été plus facile, l'expropriant connaissant l'ancien propriétaire par le fait de l'expropriation et par les titres même qui constataient son droit de propriété sur les terrains à aliéner. Quoiqu'il en soit, les publications et les affiches prescrites par la loi sont

---

(1) Conseil d'État, 1er avril 1810. Pal. adm. 1840, p. 581.

certifiées par le maire de la commune où elles ont eu lieu. Le
maire doit, en outre, à notre avis, ouvrir, comme il est tenu de
le faire pour l'enquête du plan parcellaire (titre II de la loi du
3 mai 1841), un procès-verbal sur lequel seront mentionnées les
réclamations qui lui sont faites verbalement, et auquel sont
annexées les observations qui lui sont transmises par écrit. On
verra bientôt le rôle et l'utilité incontestable de la rédaction de
ce procès-verbal. D'ailleurs, l'article 7 de la loi du 3 mai 1841,
qui en prescrit la rédaction, tient d'une façon intime et indisso-
luble à l'article 6 auquel renvoie, d'une façon formelle, l'article 61
de la même loi.

Lorsque les travaux qui ont motivé l'expropriation sont ache-
vés, si l'expropriant garde le silence en ce qui concerne les terrains ou portions de terrains qui ne reçoivent pas l'emploi
d'utilité publique auquel ils étaient destinés, les anciens propriétaires ou leurs ayants-droit peuvent, ainsi qu'on l'a vu dans
une section précédente de cette étude, faire décider par l'administration expropriante, sous le bénéfice du recours de droit
commun, que les terrains sont disponibles et que la rétrocession doit être opérée à leur profit.

2° L'avertissement de l'expropriant a pour effet de mettre les
anciens propriétaires ou leurs ayants-droit en demeure de faire
valoir le privilège que leur accorde la loi. Ceux-ci doivent déclarer, s'ils le veulent, leur intention de réacquérir les terrains dont
ils ont été dépossédés et qui n'ont pas été employés.

Dans quel délai cette déclaration doit-elle être faite? Dans les
trois mois de la publication de l'avis administratif, aux termes
même de l'article 61. Ce délai de trois mois commence à courir
du jour où ont été faites les publications à son de trompe ou
de caisse, les affiches, l'insertion dans un journal du chef-lieu
d'arrondissement ou du département, enfin l'ouverture du procès-verbal par le maire de la commune de la situation des parcelles à aliéner. Il est fatal, et emporte déchéance absolue du
droit de préemption. Aucune exception n'est apportée à ce délai
préfix par la loi; il court même à l'égard des incapables qui
auraient été atteints par l'expropriation. On ne saurait invoquer,
avec succès, le principe inscrit dans l'article 2183 du code civil,

d'après lequel la prescription ne court pas, en général, contre les mineurs et les interdits. Dans l'espèce, en effet, il s'agit d'une prescription établie par une loi spéciale, et les lois spéciales dérogent aux lois générales, d'après un principe fondamental en matière d'interprétation juridique. Sauf, bien entendu le recours du mineur ou de l'interdit contre son tuteur et plus généralement, de l'incapable contre son représentant, au cas où la négligence ou l'abstention de ceux-ci leur ont causé un préjudice. Cette solution découle naturellement des règles du droit commun.

Dans quelles formes, enfin, la déclaration du propriétaire, portant qu'il entend user du droit de préemption, doit-elle légalement être faite ? L'article 64 de la loi de 1841 n'en édicte expressément aucune, à peine de nullité. Elle pourra être faite par un exploit d'huissier ; l'ordonnance royale du 18 septembre 1833, contenant le tarif des frais et dépens pour tous les actes faits en vertu de la loi sur l'expropriation pour cause d'utilité publique, actuellement encore en vigueur, fixe, dans son article 3, n° 3, l'émolument de l'exploit en demande à fin de rétrocession des terrains non employés. Les intéressés pourront également faire consigner leur volonté dans le procès-verbal ouvert par le maire, après l'avertissement de l'expropriant, pendant huit jours en suite des formalités de publication de cet avis. Ces deux procédés sont les plus sûrs, car ils emportent la preuve de la réquisition des intéressés, ainsi que de la date de cette réquisition de manière à éviter toute déchéance et toute fin de non recevoir. Cependant, à défaut de procédure formellement tracée, les anciens propriétaires ou leurs ayants-droit peuvent formuler leur demande de retrait de toute espèce de façon, par exemple au moyen de lettres missives, de déclarations purement verbales, adressées au représentant compétent de l'administration expropriante.

Dès que l'administration a fait connaître, par l'avis publié en exécution de l'article 64, les terrains non employés et susceptibles d'être rétrocédés aux anciens propriétaires et que l'un de ceux-ci a manifesté, dans une forme régulière, son intention d'exercer son droit de préemption, l'administration se trouve liée et ne peut revenir sur sa décision. L'action en rétrocession doit nécessairement suivre son cours normal, alors même que, postérieurement à l'avis, le terrain serait employé à l'opération décrétée d'utilité publique. En effet, il s'est formé un contrat par l'offre de l'expropriant et par l'acceptation de l'ancien propriétaire. Il y a accord entre les parties sur la chose, objet de la vente (art. 1583 du c. c.) et, si le prix de la vente n'est point déterminé par les parties (art. 1591 du code civil.) il est, en fait et en droit, laissé à l'arbitrage d'un tiers désigné par la loi elle-même, le jury d'expropriation, qui ne peut décliner la mission qui lui est confiée de faire l'estimation de la chose (art. 1592 du code civil.). C'est donc, à bon droit, qu'il a été jugé que dans ces circonstances, il y a vente parfaite (1). Il en serait de même en l'absence d'un avis donné par l'administration des domaines, au nom de l'État expropriant, dans les formes de l'article 61 de la loi de 1841, si l'administration a fait offre de rétrocéder une parcelle de terrain restée sans emploi (2).

3° L'expropriant a offert de rétrocéder les terrains compris dans l'expropriation et non employés, l'ancien propriétaire a requis la remise de ces terrains, il convient de fixer le prix moyennant lequel la rétrocession devra être effectuée.

Comme l'indemnité de dépossession, l'indemnité de rétrocession est fixée soit à l'amiable, soit, à défaut d'accord amiable, par le jury institué par la loi sur l'expropriation pour cause d'utilité publique (art. 60 § 3 de la loi du 3 mai 1841). La compétence pour la fixation judiciaire de cette indemnité de retrait appartient exclusivement et absolument au jury spécial (3).

La procédure est également la même. Elle est introduite par l'administration ou, à son défaut, par l'ancien propriétaire requérant la remise. L'administration, demanderesse, notifie à l'ancien propriétaire la somme qu'elle réclame pour prix du terrain à rétrocéder ; dans la quinzaine de cette signification, l'ancien propriétaire est tenu de déclarer son acceptation, ou, s'il

---

(1) Conseil d'État, 4 avril 1856. P. adm. 1856, p. 72.
(2) Conseil d'État, 11 décembre 1871. Pal. adm. 71, 38.
(3) Conseil d'État, 25 janvier 1855. Pal. adm. 1855, p. 19. — Conseil d'État, 30 août 1862. Pal. adm. 1863, p. 687.

n'accepte pas la demande qui lui est faite, d'indiquer la somme qu'il offre. Ce délai de quinzaine est porté à un mois pour les incapables désignés dans les articles 25 et 26 de la loi. Cette notification n'est point obligatoire, à peine de nullité. La sanction de cette formalité réside dans la condamnation aux dépens, suivant les règles ordinaires en cette matière qui vont être précisées plus bas.

La fixation de l'indemnité de rétrocession est-elle poursuivie à la requête de l'ancien propriétaire ? La procédure se trouve, pour ainsi dire, retournée. C'est le demandeur qui notifie à l'expropriant le montant de son offre que celui-ci doit accepter ou refuser dans le délai de quinze jours ou d'un mois, avec indication de sa demande, sous la responsabilité qui vient d'être établie.

La partie poursuivante, expropriant ou ancien propriétaire, présente requête à la première chambre de la cour d'appel, dans les départements qui sont le siège d'une cour d'appel, et, dans les autres départements, à la première chambre du tribunal du chef-lieu judiciaire, afin d'obtenir, en la chambre du conseil, la désignation, sur la liste dressée, pour l'arrondissement de la situation des terrains en litige, par le conseil général, de seize jurés chargés de fixer définitivement le prix de rétrocession ; et de quatre jurés supplémentaires. Les règles relatives aux incompatibilités, aux empêchements, aux exclusions des jurés, reçoivent, dans l'hypothèse, leur application (art. 29 et suivants de la loi du 3 mai 1841). Elle provoque également, par voie de requête au président du tribunal civil de l'arrondissement sur le territoire duquel est situé le terrain à évaluer, la désignation d'un des membres du tribunal pour remplir les fonctions de magistrat directeur du jury et d'un membre suppléant. Citation est donnée aux jurés et à la partie adverse, huit jours au moins à l'avance, avec notification de la liste des jurés désignés par la cour ou le tribunal. Le jury se réunit pour procéder à sa mission, sous la présidence du magistrat, assisté du greffier ou du commis-greffier du tribunal qui tient procès-verbal des opérations du jury. La constitution du jury, son fonctionnement, s'effectuent dans les mêmes conditions que lorsqu'il s'agit de fixer l'indemnité d'expropriation (art. 31 et suiv. de la loi du 3 mai 1841).

La décision du jury, rendue aussi dans des formes analogues, est déclarée exécutoire, par ordonnance du magistrat directeur du jury, qui envoie l'ancien propriétaire en possession du terrain rétrocédé, et statue sur les dépens.

C'est ici le lieu d'établir la sanction imposée, ainsi qu'il a été dit plus haut, par la loi, à l'obligation de notifier à l'avance le prix réclamé par l'expropriant à l'ancien propriétaire ainsi que l'offre faite par celui-ci de la valeur du terrain. L'expropriant qui a omis cette formalité ou l'ancien propriétaire qui a négligé de répondre à la signification, sera condamné en tous les dépens. Il aurait pu, en effet, résulter de ces préliminaires une entente amiable qui aurait rendu inutile la convocation du jury et évité les frais auxquels elle donne lieu. Si l'expropriant et l'ancien propriétaire n'ont ni l'un ni l'autre, exécuté cette prescription légale, les dépens seront partagés par moitié. Au cas où elle l'a été régulièrement de part et d'autre, si l'indemnité de rétrocession réglée par le jury est égale à la demande de l'administration, l'ancien propriétaire, qui l'aura refusée, devra supporter tous les dépens : si, au contraire, elle est égale à l'offre de l'exproprié, les frais seront mis en entier à la charge de l'expropriant ; si, enfin, — cas le plus habituel — elle est à la fois supérieure à l'offre de l'ancien propriétaire exproprié et inférieure à la demande de l'expropriant, les dépens seront compensés de manière à être supportés par l'administration et l'ancien propriétaire dans la proportion de leur demande et de leur offre avec la décision du jury (art. 40 de la loi du 3 mai 1841).

Les dépens sont taxés par le magistrat directeur du jury sur les bases de l'ordonnance royale du 18 septembre 1833, toujours en vigueur, relative aux frais et dépens en matière d'expropriation pour cause d'utilité publique.

Le jury spécial est souverain dans son appréciation de l'indemnité d'expropriation au profit des intéressés, dans la limite seulement des offres de l'administration et sur la demande de l'exproprié. Pour la fixation de l'indemnité de rétrocession, une seconde restriction est apportée aux pouvoirs du jury. En effet, le paragraphe 2 de l'article 60 de la loi porte : « la fixation par le jury ne peut, en aucun cas, excéder la somme moyennant laquelle les terrains ont été acquis ».

Cette disposition critiquée dans la discussion, à la Chambre des députés, de la loi du 7 juillet 1833, d'où elle a passé, sans modifications dans la loi du 3 mai 1841, a été justifiée en d'excellents termes par M. Martin (du Nord) rapporteur du projet de loi et par M. Legrand, commissaire du Roi. « L'article est fait, a dit M. le rapporteur, pour le cas où l'entreprise est abandonnée, et où, par conséquent, l'expropriation pour cause d'utilité publique ne doit pas avoir son effet. N'est-il pas naturel que le propriétaire rentre dans sa propriété aux mêmes conditions pour lesquelles il a été forcé de l'abandonner, sans éprouver aucun dommage? Il n'y a pas de plus value au profit de l'État. Si la propriété était restée entre les mains du propriétaire, n'aurait-elle pas augmenté de valeur? La cause d'utilité publique, l'expropriation, est résolue, et le propriétaire rentre en possession de la chose, comme s'il n'en avait pas été dépossédé. Il est évident qu'il y aurait injustice à lui faire payer un prix supérieur à celui qu'il aurait reçu » (1).

Cette règle ne présente aucune difficulté pour le cas, que paraît seul avoir eu en vue le rapporteur, où, par suite de l'abandon complet du travail d'utilité publique, aucune portion du terrain exproprié n'a reçu sa destination légale. Le montant de l'indemnité de dépossession est établi, comme sans contestation possible; dès lors, le maximum du prix de rétrocession est nettement déterminé.

Il n'en est plus de même dans l'hypothèse où l'opération d'intérêt général n'est pas totalement abandonnée, lorsqu'une portion seulement du terrain exproprié a reçu son affectation et que le droit de préemption s'exerce, non plus sur la totalité du terrain atteint par l'expropriation, mais uniquement sur la portion restant sans emploi après l'exécution des travaux. On se trouve alors en présence d'une indemnité d'expropriation fixée tantôt pour l'ensemble d'un immeuble, terrain et constructions,

(1) *Moniteur* du 9 février 1833, p. 338.

tantôt pour l'intégralité du terrain soit en bloc soit à raison de la valeur par mètre. Dans cette situation, il est difficile de discerner pour quelle quotité est entrée dans l'indemnité d'expropriation fixée par le jury la valeur de la portion restante de l'immeuble sur laquelle porte le droit de retrait et qu'il s'agit actuellement d'estimer. La cour de cassation a décidé que le jury n'était pas tenu, par la règle posée dans l'article 60 § 2 de la loi, de fixer le prix de rétrocession d'après le rapport de l'étendue de la parcelle rétrocédée avec celle de la totalité du terrain exproprié, et proportionnellement au chiffre de l'indemnité de l'expropriation totale ; que le jury doit, au contraire, tenir compte, non seulement de la contenance de la parcelle remise à l'ancien propriétaire, mais aussi de sa situation et de toutes les circonstances qui pourraient donner à cette parcelle plus ou moins de valeur qu'aux autres. En d'autres termes, il est jugé et de jurisprudence constante, que, même en cas d'emploi partiel du terrain exproprié, même lorsque le droit de préemption ne porte que sur une portion de l'immeuble autrefois compris dans l'expropriation, c'est le montant de l'indemnité de dépossession totale qui forme le maximum du prix de rétrocession à fixer par le jury (1). Même décision a été donnée par la cour suprême, dans l'hypothèse où au lieu de l'allocation d'une somme en bloc pour l'ensemble de la propriété, l'indemnité a été originairement fixée à raison d'un prix déterminé par mètre ; car, dans cette espèce : « le chiffre fixé par le jury représente le prix moyen de tous les mètres dont se compose la propriété et n'implique nullement l'égalité de valeur respective de chacun de ces mètres. » (2)

La seule voie de recours contre la décision du jury d'expropriation est, conformément au principe général de la loi du 3 mai 1841, le recours en cassation soit contre la décision du jury elle-même, soit contre l'ordonnance d'envoi en possession rendue par le magistrat-directeur (art. 48). Le pourvoi est formé par une déclaration au greffe du tribunal civil de l'arrondisse-

(1) Cassation 2 mars 1868. P. 1868. 1. 612. — Cassation 26 avril 1881. Pal. 1881. 1. 647.

(2) Cassation civ. 5 juin 1876. Pal. 1876. 1. 522.

ment. Il doit être formé dans le délai de quinzaine à partir de la décision du jury, notifiée à la partie adverse, expropriant ou ancien propriétaire, au domicile élu, dans la huitaine de la déclaration. Ces deux délais sont des délais francs et sont prescrits sous peine de déchéance du privilège. Dans la quinzaine qui suit la notification du pourvoi, toutes les pièces c'est-à-dire expédition de la décision du jury, ordonnance du magistrat-directeur, les documents joints à la minute de la décision, le pourvoi, le mémoire du demandeur en cassation, sont adressées directement au greffe de la chambre civile de la cour suprême (art. 30 de la loi). On sait que, en matière d'expropriation, les pourvois ne sont point soumis à l'examen préalable de la chambre des requêtes. Les cas principaux qui donnent ouverture à cassation sont énumérés par l'art. 42 de la loi, ce sont les dispositions relatives savoir : à la désignation du jury de session par la cour ou le tribunal (art. 30 § 1) ; la convocation des jurés et des parties (art. 31) à l'exercice du droit de récusation par l'expropriant et l'exproprié (art 34 § 3) à la réduction des jurés au nombre de 12, pour former le jury de jugement, en cas de défaut ou d'usage partiel du droit de récusation (art. 34 § 4) à la constitution du jury de jugement (art. 35) à la prestation du serment (art. 36) à la remise des pièces au jury, la publicité de la discussion orale, aux mesures d'instruction (art. 37) à la délibération et à la décision du jury (art. 38) à la fixation d'indemnités hypothétiques en cas de litige sur le fond du droit, aux limites de l'indemnité de rétrocession (art. 39) à la condamnation aux dépens. Comme pour la juridiction civile, dont le jury d'expropriation n'est en somme qu'un démembrement, le pourvoi est suspensif ; par conséquent, il n'interrompt pas le délai fixé par la loi pour la passation du contrat de rachat et le paiement du prix de rétrocession. La décision du jury et l'ordonnance du magistrat-directeur du jury forment deux actes distincts ; la cassation de l'un n'entraine point nécessairement, par elle seule, la cassation de l'autre. Si l'ordonnance du magistrat-directeur est seule annulée par la cour, la cour renvoie, la décision subsistant, devant un autre magistrat-directeur qui sera nommé en conformité de l'article 14 de la loi, par le même tribunal que celui qui a désigné celui dont l'ordonnance est cassée. Si la décision est cassée, par voie de conséquence, l'ordonnance qui l'a rendue exécutoire est annulée également, et la cour de cassation renvoie, en principe, la fixation de l'indemnité de rétrocession à un autre jury choisi sur les listes du même arrondissement par la cour d'appel ou le tribunal, les jurés ayant participé à la première décision ne pouvant siéger, à peine de nullité, dans le jury de renvoi. Toutefois la cour a reçu de la loi de 1841 le pouvoir, suivant les circonstances, de renvoyer, pour la fixation du prix de rétrocession devant un second jury d'un arrondissement voisin, alors même qu'il dépendrait d'un autre département. En tous cas, la cour de cassation doit statuer dans le mois qui suit la transmission qui est faite à la chambre civile ; à l'expiration de ce délai, l'arrêt, rendu même par défaut est définitif, et n'est point susceptible d'opposition (art. 30 de la loi).

4° Une fois le prix de rétrocession fixé soit à l'amiable soit par le jury, et l'ancien propriétaire envoyé en possession du terrain réacquis par lui, l'article 61 de la loi, impose une nouvelle obligation au demandeur en remise, celle de passer le contrat de rachat et de payer le prix convenu ou fixé. — L'exproprié qui use du droit de retrait est bien propriétaire à partir de l'envoi en possession fait à son profit par l'ordonnance du magistrat-directeur du jury dont il vient d'être parlé, néanmoins le législateur ordonne que cette vente soit régularisée par un acte formel.

Dans quelles formes ce contrat de rachat doit-il être rédigé ? Elles sont tracées par l'ordonnance royale du 22 mars 1835, rendue en exécution des articles 60 et 61 de la loi du 7 juillet 1833 et qui complète la matière présentement étudiée. Bien que cette dernière loi ait été expressément abrogée et remplacée par la loi du 3 mai 1841, l'ordonnance de 1835 n'en continue pas moins à être en vigueur, car les articles 60 et suivants de la loi de 1841 se sont bornés à reproduire, sans modifications essentielles, les articles correspondants de la loi antérieure relatifs au droit de retrait. Aux termes donc de l'article 1 de cette ordonnance qui, en résumé, pose des règles d'ordre purement administratif, le contrat de rétrocession doit être, après l'accomplissement des formalités prescrites par la loi générale, passé devant le préfet du département ou devant le sous-préfet, sur délégation du préfet, ou présence et avec le concours d'un préposé de l'administration des domaines, à laquelle est conféré la mission de procéder à la remise des terrains non employés aux anciens propriétaires et d'un agent du ministère pour le compte duquel l'expropriation du terrain avait été faite. Toutefois il est utile de remarquer que l'ordonnance royale précitée se réfère uniquement aux terrains restant disponibles après l'exécution des travaux publics entrepris pour le compte de l'État. Pour les travaux exécutés dans l'intérêt des départements, des communes, des établissements publics qui ont reçu de la loi la faculté de recourir à la voie extraordinaire de l'expropriation, pour ceux exécutés par leurs concessionnaires et même par les concessionnaires de l'État, à défaut d'entreprise directe par l'administration publique, on rentre dans le droit commun, les contrats de rétrocession pourraient être passés dans la forme administrative devant le préfet du département ou, par délégation, devant le sous-préfet, le maire ou l'adjoint (art. 56 de la loi du 3 mai 1841). Ils pourront l'être également par devant notaire — cette forme sera la plus généralement employée en raison de la confiance que ces officiers ministériels inspirent tant aux administrateurs qu'aux administrés — et même par acte sous seings-privés.

Les contrats de rétrocession bénéficient-ils du privilège introduit par l'article 58 de la loi du 3 mai 1841, aux termes duquel les contrats, quittances, faits en vertu de cette loi sont visés pour timbre et enregistrés gratis, et les droits de transcription ne sont point perçus sur ces actes au bureau de la conservation des hypothèques ? La réponse affirmative à cette question paraît, dès l'abord, peu douteuse en présence des termes larges, aussi compréhensifs que possible, de la disposition écrite dans l'article 58 de la loi. Cependant un estimable commentateur des lois de 1833 et de 1841, M. Duvergier, (1) prétend « que l'intention

(1) Duvergier, *Collection des lois* année 1841 sur l'article 60 de la loi du 3 mai 1841 et 1833 sur l'article 60 de la loi du 7 juillet 1833.

de la chambre des députés n'a pas été d'accorder la dispense de l'enregistrement pour le cas spécial. La proposition en a été faite expressément et elle a été rejetée par ce motif, donné par le Directeur de l'Enregistrement que ce serait le vendeur qui profiterait de l'exemption puisqu'il vendrait sa propriété plus cher eu égard à cette exemption » Mais on chercherait en vain, dans les travaux préparatoires des lois de 1833 et de 1841, dans la discussion très complète à laquelle elles ont donné lieu aussi bien à la chambre des pairs qu'à la chambre des députés, une trace quelconque de la proposition dont il s'agit aussi bien que de l'argumentation prétendue du directeur de l'enregistrement et que d'un vote des pouvoirs législatifs. On ne peut s'expliquer que par le fait d'une erreur matérielle l'opinion de M. Duvergier laquelle, du reste, n'est partagée par aucun des auteurs qui ont écrit sur l'expropriation pour cause d'utilité publique. Au surplus, la pratique de l'administration de l'enregistrement lui est formellement contraire ; elle n'a jamais hésité à appliquer aux contrats de rétrocession, la dispense établie par l'article 58 de la loi (1).

Le contrat de rachat passé dans les conditions qui viennent d'être indiquées, le prix moyennant lequel la rétrocession s'opère doit être acquitté entre les mains de l'expropriant. Il est essentiel de noter seulement, sur ce point, que cette double formalité — signature du contrat et paiement du prix — doit être accomplie dans le mois de la fixation du prix soit amiable, soit judiciaire, sous cette sanction rigoureuse d'une déchéance absolue du privilège introduit en faveur de l'ancien propriétaire. En prescrivant la rédaction d'un acte et le paiement du prix de rétrocession dans un délai fixe, et, d'ailleurs, assez court, le législateur a eu pour but unique, ainsi que l'a justement proclamé un récent jugement du tribunal de la Seine « d'obvier à ce qu'un réacquéreur téméraire n'ayant pas les fonds nécessai-

<hr>

(1) *Solution de l'administration de l'enregistrement*, 17 septembre 1862 ; 24 janvier 1854. Voir *Dictionnaire du notariat* tome V p. 342, n° 239. — Champion-nière et Bigaud, *Traité des droits d'enregistrement* n° 3743 — Cabantous *Recueil périodique de l'enregistrement* n° 13-1567 — Garnier, *Répertoire général de l'enregistrement*, tome III, p. 302.

res pour s'acquitter, ne puisse tenir au delà d'un certain temps l'administration en suspens et l'empêcher de revendre à autrui » (1). N'est-il pas naturel qu'après avoir proscrit les garanties réclamées par l'intérêt de la propriété privée, les auteurs de la loi n'aient pas voulu sacrifier les droits, également légitimes de l'expropriant qui, à défaut de remise des terrains à l'ancien propriétaire, doit, en bonne administration, en poursuivre l'aliénation publique.

V. — Il suffit de récapituler les règles fondamentales posées dans ces articles, si substantiels, 60, 61 et 62 de la loi du 3 mai 1841 pour sentir l'importance grande que revêt, en matière d'expropriation pour cause d'utilité publique, le droit de préemption. L'expropriant ne peut porter atteinte au principe de l'inviolabilité de la propriété, par cette voie de contrainte si rigoureuse qui est l'expropriation, que dans la mesure où la propriété est nécessaire à l'œuvre entreprise dans un but d'utilité publique ; là où cessent les nécessités de l'intérêt général, là aussi s'arrête exactement le sacrifice imposé à la propriété, à l'intérêt privé. Dès que les terrains expropriés n'ont pas reçu leur destination spéciale, la restitution doit en être faite définitivement à l'ancien propriétaire. L'administration doit faire connaître les immeubles qui restent sans affectation, l'opération terminée. A son défaut, le propriétaire intéressé peut faire décider par l'autorité administrative elle-même que les terrains, étant sans emploi, doivent lui être rétrocédés, et obtenir des tribunaux civils, le cas échéant, la rescision de toute vente qui aurait été, au mépris de son droit, consentie à un tiers. Il est ainsi suffisamment armé contre la négligence ou l'incurie de l'administration, contre les abus qu'elle serait tentée de commettre, en l'étendant, dans l'exercice du droit exceptionnel que lui confère le principe de l'expropriation, contre l'esprit de lucre qui anime toujours les concessionnaires de travaux publics faisant, avant tout, œuvre de spéculation industrielle. La faculté ainsi

---

(1) Seine 5 juillet 1878, confirmé par adoption de motifs par arrêt de la cour d'appel de Paris du 9 juillet 1881. *France judiciaire*, VI, 2, 112. Le pourvoi formé contre cet arrêt a été rejeté par arrêt de la chambre civile de la cour de cassation du 23 mai 1883. Voir *Palais*, année 1883, p. 1881.

laissée à l'ancien propriétaire ne doit pas cependant préjudicier à l'expropriant ; la situation doit être promptement déterminée. Aussi est-ce dans un court délai que, à peine de déchéance, l'ancien propriétaire ou son ayant-cause est appelé à faire connaître son option, que le prix de rétrocession doit être fixé à l'amiable ou judiciairement, que la remise doit être constatée par acte régulier et le prix, convenu ou fixé, versé entre les mains de l'expropriant. Le débat ne peut plus alors porter, entre les deux parties, que sur la fixation judiciaire du prix de rétrocession. La loi l'a abandonnée à tort ou à raison — on sait à quelles critiques ardentes et renouvelées tout récemment encore au sein des assemblées législatives (1) — au jury spécial qui a reçu déjà mission de déterminer antérieurement l'indemnité de dépossession. Le jury ne peut fixer un prix de revente supérieur à cette indemnité ce qui exclut jusqu'à la possibilité d'un profit au détriment du propriétaire lequel jouit de la plus value qu'aurait pu acquérir l'immeuble depuis le moment de l'expropriation, comme s'il n'était à aucun moment sorti de son patrimoine. Enfin, le propriétaire n'exerçant pas, en temps utile, son droit de préemption, les terrains expropriés et non employés à l'opération qui avait motivé l'expropriation sont libérés de la charge dont ils étaient grevés par suite du privilège réservé à l'ancien propriétaire et pourront désormais être publiquement aliénés par l'expropriant. On peut ainsi se convaincre facilement que le droit de préemption repose sur des bases absolument rationnelles ; que les deux intérêts en présence dans l'expropriation, en première ligne, l'intérêt de la propriété privée et l'intérêt collectif, représenté par l'expropriant, reçoivent une protection égale et des garanties à la fois nécessaires, légitimes et efficaces.

(1) Voir le rapport fait à la Chambre des députés au nom de la commission chargée d'examiner le projet de loi autorisant la ville de Paris à emprunter sur fonds d'emprunt, un crédit destiné à faire face aux indemnités d'expropriation des immeubles nécessaires à la création de la bourse du commerce. Supplément au *Journal officiel* du 14 décembre 1887. Annexe, n° 2232. Voir aussi *J. off.* du 13 juillet 1886 p. 1429. — *J. off.* du 16 novembre 1886 p. 1210. — *J. off.* du 15 avril 1888, annexe n° 2311 page 132. — *Le droit public. Journal du droit administratif*, Juillet-Août 1886, p. 347.

Imp. G. Saint-Aubin et Thevenot, Saint-Dizier. 30, passage Verdeau, Paris.

LA FRANCE JUDICIAIRE

REVUE MENSUELLE

DE LÉGISLATION ET DE JURISPRUDENCE

CONTENANT

DES ÉTUDES JURIDIQUES VARIÉES

AINSI QUE LES LOIS ET DÉCISIONS JUDICIAIRES LES PLUS IMPORTANTES
ET LES PLUS RÉCENTES

Fondée sous le patronage de

MM. G. BÉRARDDES (C. ✳), président de la Cour de cassation; — LACOURTHES (G. O. ✳) président à la Cour de cassation, membre de l'Institut; — E. GLASSON (✳), professeur à la Faculté de droit de Paris, membre de l'Institut; — E. ROUSSE (✳), ancien bâtonnier de l'Ordre des avocats de Paris, membre de l'Académie française,

ET PUBLIÉES SOUS LA DIRECTION DE

M. Charles CONSTANT

Avocat à la Cour d'appel de Paris, officier d'Académie

Avec la collaboration de plusieurs professeurs des Facultés de droit
et membres de la Magistrature et du Barreau.

LA FRANCE JUDICIAIRE, *divisée en deux parties distinctes, paraît le 5 de chaque mois, en livraisons grand in-8, et forme chaque année deux beaux volumes avec tables analytiques et alphabétiques.*

ABONNEMENT ANNUEL : 18 FR. — ÉTRANGER : 20 FR.

En cours de publication : 12ᵉ année, 1887.

———————

BULLETIN DE JURISPRUDENCE

ET DE LÉGISLATION USUELLES

LE DROIT A LA PORTÉE DE TOUS

Recueil dirigé par M. AMBROISE RENDU

Docteur en droit, Avocat à la Cour de Paris

Paraissant deux fois par mois

DROIT CIVIL, DROIT ADMINISTRATIF, DROIT COMMERCIAL

ET INDUSTRIEL, PROCÉDURE, DROIT PÉNAL, LOIS SPÉCIALES

PRIX : 6 FRANCS. — ÉTRANGER : 7 FRANCS

Avec supplément contenant les Petits Conseils, 2 fr. en sus.

En cours de publication : 11ᵉ année 1887.

Il sera adressé un spécimen à toutes les personnes qui le demanderont par lettre affranchie.

———————

AVIS. — Il sera répondu par lettre ou par voie des Revues, selon l'urgence, à toutes les questions posées par les abonnés qui auront envoyé un timbre-poste par chaque question posée.

Pour les abonnements, adresser un mandat-poste à M. l'administrateur 28, rue Bouilliot, Paris.

———————

Imp. G. Saint-Aubin et Thevenot, Saint-Dizier, 28, passage Verdeau, Paris

Les Abonnements partent du 1er janvier, et les abonnés d'une des deux revues MM. bénéficieront d'une remise de 25 0/0 sur les ouvrages de l'Encyclopédie juridique. — Envoi franco.